I0842803

Seed Name   **Date Planted**

☐ **Soil**   ☐ **Hydroponics**   **Pre-Soak Hours**______

Germination Days ______

Harvest Date ____________

Date	Event

Notes

Seed Name	Date Planted

☐ Soil ☐ Hydroponics   Pre-Soak Hours______

Germination Days ________

Harvest Date ____________

Date	Event

Notes

<table>
<tr><td>Seed Name</td><td>Date Planted</td></tr>
</table>

☐ **Soil** ☐ **Hydroponics** **Pre-Soak Hours**______

Germination Days ______

Harvest Date __________

Date	Event

Notes

Seed Name	Date Planted

☐ **Soil**   ☐ **Hydroponics**   **Pre-Soak Hours**______

Germination Days ______

Harvest Date __________

Date	Event

Notes

Seed Name	Date Planted

☐ **Soil** ☐ **Hydroponics** **Pre-Soak Hours**______

Germination Days ______

Harvest Date __________

Date	Event

Notes

Seed Name   **Date Planted**

☐ **Soil** ☐ **Hydroponics**   **Pre-Soak Hours**______

Germination Days _______

Harvest Date ___________

Date	Event

Notes

Seed Name	**Date Planted**

☐ **Soil**   ☐ **Hydroponics**   **Pre-Soak Hours**______

Germination Days ______

Harvest Date __________

Date	**Event**

Notes

| **Seed Name** | **Date Planted** |

☐ **Soil** ☐ **Hydroponics** **Pre-Soak Hours**______

Germination Days ______

Harvest Date __________

Date	Event

Notes

| Seed Name | Date Planted |

☐ Soil   ☐ Hydroponics   Pre-Soak Hours______

Germination Days _______

Harvest Date ____________

Date	Event

Notes

| **Seed Name** | **Date Planted** |

[ ] **Soil** [ ] **Hydroponics** **Pre-Soak Hours**______

Germination Days ______

Harvest Date __________

Date	Event

Notes

| **Seed Name** | **Date Planted** |

☐ Soil ☐ Hydroponics Pre-Soak Hours______

Germination Days ______

Harvest Date __________

Date	Event

Notes

| Seed Name | Date Planted |

☐ **Soil** ☐ **Hydroponics** **Pre-Soak Hours**______

Germination Days ______

Harvest Date ___________

Date	Event

Notes

Seed Name	**Date Planted**

☐ **Soil**   ☐ **Hydroponics**   **Pre-Soak Hours** _______

Germination Days _______

Harvest Date ____________

Date	**Event**

Notes

Seed Name   **Date Planted**

☐ **Soil** ☐ **Hydroponics**   **Pre-Soak Hours**______

Germination Days ______

Harvest Date __________

Date	Event

Notes

Seed Name   **Date Planted**

☐ **Soil**   ☐ **Hydroponics**   **Pre-Soak Hours**______

Germination Days ______

Harvest Date __________

Date	Event

Notes

Seed Name	Date Planted

☐ Soil ☐ Hydroponics   Pre-Soak Hours______

Germination Days _______

Harvest Date ___________

Date	Event

Notes

Seed Name	Date Planted

☐ Soil ☐ Hydroponics   Pre-Soak Hours______

Germination Days ______

Harvest Date ___________

Date	Event

Notes

| Seed Name | Date Planted |

☐ Soil   ☐ Hydroponics   Pre-Soak Hours______

Germination Days _______

Harvest Date ___________

Date	Event

Notes

| **Seed Name** | **Date Planted** |

☐ **Soil** ☐ **Hydroponics**   **Pre-Soak Hours**______

Germination Days ______

Harvest Date __________

Date	**Event**

Notes

Seed Name	Date Planted

☐ Soil ☐ Hydroponics   **Pre-Soak Hours**______

Germination Days ______

Harvest Date __________

Date	Event

Notes

Seed Name	**Date Planted**

☐ **Soil**   ☐ **Hydroponics**   **Pre-Soak Hours** ______

Germination Days ______

Harvest Date ____________

Date	Event

Notes

| **Seed Name** | **Date Planted** |

☐ **Soil** ☐ **Hydroponics** **Pre-Soak Hours**______

Germination Days ______

Harvest Date __________

Date	Event

Notes

| **Seed Name** | **Date Planted** |

☐ **Soil**　☐ **Hydroponics**　**Pre-Soak Hours**______

Germination Days ______

Harvest Date __________

Date	**Event**

Notes

Seed Name	**Date Planted**

☐ **Soil**   ☐ **Hydroponics**   **Pre-Soak Hours**______

Germination Days ______

Harvest Date ___________

Date	Event

Notes

Seed Name	**Date Planted**

☐ **Soil** ☐ **Hydroponics**   **Pre-Soak Hours**______

Germination Days ______

Harvest Date ___________

Date	**Event**

Notes

Seed Name	**Date Planted**

☐ **Soil** ☐ **Hydroponics** **Pre-Soak Hours**______

Germination Days _______

Harvest Date ___________

Date	Event

Notes

| **Seed Name** | **Date Planted** |

☐ **Soil** ☐ **Hydroponics**   **Pre-Soak Hours**______

Germination Days ______

Harvest Date ___________

Date	Event

Notes

Seed Name	**Date Planted**

☐ **Soil**   ☐ **Hydroponics**   **Pre-Soak Hours**______

Germination Days ______

Harvest Date ___________

Date	Event

Notes

Seed Name	Date Planted

☐ **Soil** ☐ **Hydroponics** **Pre-Soak Hours**______

Germination Days ______

Harvest Date __________

Date	Event

Notes

Seed Name	Date Planted

☐ **Soil** ☐ **Hydroponics** **Pre-Soak Hours**______

Germination Days ______

Harvest Date __________

Date	Event

Notes

Seed Name	Date Planted

☐ **Soil** ☐ **Hydroponics** **Pre-Soak Hours**______

Germination Days ______

Harvest Date __________

Date	Event

Notes

| **Seed Name** | **Date Planted** |

☐ **Soil** ☐ **Hydroponics** **Pre-Soak Hours**______

Germination Days ______

Harvest Date __________

Date	Event

Notes

| **Seed Name** | **Date Planted** |

☐ **Soil**   ☐ **Hydroponics**   **Pre-Soak Hours**______

Germination Days _______

Harvest Date ___________

Date	**Event**

Notes

Seed Name	**Date Planted**

☐ **Soil**   ☐ **Hydroponics**   **Pre-Soak Hours**______

Germination Days _______

Harvest Date ___________

Date	Event

Notes

Seed Name	Date Planted

☐ Soil ☐ Hydroponics Pre-Soak Hours______

Germination Days ______

Harvest Date ____________

Date	Event

Notes

| Seed Name | Date Planted |

☐ **Soil** ☐ **Hydroponics**   **Pre-Soak Hours**______

Germination Days ______

Harvest Date __________

Date	Event

Notes

Seed Name	Date Planted

☐ Soil ☐ Hydroponics Pre-Soak Hours______

Germination Days ______

Harvest Date ___________

Date	Event

Notes

Seed Name	Date Planted

☐ **Soil** ☐ **Hydroponics**   **Pre-Soak Hours** _______

Germination Days _______

Harvest Date ___________

Date	Event

Notes

Seed Name   **Date Planted**

☐ **Soil**   ☐ **Hydroponics**   **Pre-Soak Hours** _______

Germination Days _______

Harvest Date ___________

Date	Event

Notes

Seed Name	Date Planted

☐ Soil ☐ Hydroponics Pre-Soak Hours______

Germination Days _______

Harvest Date ____________

Date	Event

Notes

| **Seed Name** | **Date Planted** |

☐ **Soil** ☐ **Hydroponics** **Pre-Soak Hours**______

Germination Days ______

Harvest Date __________

Date	**Event**

Notes

<table>
<tr><td>Seed Name</td><td>Date Planted</td></tr>
</table>

☐ Soil ☐ Hydroponics **Pre-Soak Hours**______

Germination Days ______

Harvest Date __________

Date	Event

Notes

| **Seed Name** | **Date Planted** |

☐ **Soil**   ☐ **Hydroponics**   **Pre-Soak Hours**_____

Germination Days _____

Harvest Date _________

Date	**Event**

Notes

<table>
<tr><td>Seed Name</td><td>Date Planted</td></tr>
</table>

☐ **Soil**   ☐ **Hydroponics**   **Pre-Soak Hours**______

Germination Days ______

Harvest Date __________

Date	Event

Notes

Seed Name	Date Planted

☐ Soil ☐ Hydroponics Pre-Soak Hours______

Germination Days _______

Harvest Date ___________

Date	Event

Notes

Seed Name   **Date Planted**

☐ **Soil** ☐ **Hydroponics**   **Pre-Soak Hours**______

Germination Days ______

Harvest Date ___________

Date	Event

Notes

Seed Name	**Date Planted**

☐ **Soil**   ☐ **Hydroponics**   **Pre-Soak Hours**______

Germination Days ______

Harvest Date __________

Date	**Event**

Notes

Seed Name	Date Planted

☐ **Soil**   ☐ **Hydroponics**   **Pre-Soak Hours** _______

Germination Days _______

Harvest Date ___________

Date	Event

Notes

| **Seed Name** | **Date Planted** |

☐ **Soil**   ☐ **Hydroponics**   **Pre-Soak Hours**_______

Germination Days _______

Harvest Date ____________

Date	Event

Notes

Seed Name   **Date Planted**

☐ **Soil**   ☐ **Hydroponics**   **Pre-Soak Hours**______

Germination Days ______

Harvest Date ____________

Date	Event

Notes

| **Seed Name** | **Date Planted** |

☐ **Soil**   ☐ **Hydroponics**   **Pre-Soak Hours**______

Germination Days ______

Harvest Date __________

Date	Event

Notes

Seed Name	Date Planted

☐ **Soil** ☐ **Hydroponics** **Pre-Soak Hours**_____

Germination Days ______

Harvest Date __________

Date	Event

Notes

| **Seed Name** | **Date Planted** |

☐ **Soil**   ☐ **Hydroponics**   **Pre-Soak Hours**______

Germination Days _______

Harvest Date ___________

Date	**Event**

Notes

| Seed Name | Date Planted |

☐ **Soil**   ☐ **Hydroponics**   **Pre-Soak Hours** ______

Germination Days ______

Harvest Date __________

Date	Event

Notes

Seed Name	Date Planted

☐ Soil   ☐ Hydroponics   Pre-Soak Hours______

Germination Days _______

Harvest Date ___________

Date	Event

Notes

Seed Name	Date Planted

☐ **Soil**   ☐ **Hydroponics**   **Pre-Soak Hours**______

Germination Days ______

Harvest Date __________

Date	Event

Notes

Seed Name   **Date Planted**

☐ **Soil**   ☐ **Hydroponics**   **Pre-Soak Hours**______

Germination Days _______

Harvest Date ____________

Date	Event

Notes

Seed Name	Date Planted

☐ **Soil**   ☐ **Hydroponics**   **Pre-Soak Hours**______

Germination Days ______

Harvest Date __________

Date	Event

Notes

Seed Name	Date Planted

☐ **Soil** ☐ **Hydroponics** **Pre-Soak Hours** _____

Germination Days ______

Harvest Date __________

Date	Event

Notes

| Seed Name | Date Planted |

☐ **Soil**   ☐ **Hydroponics**   **Pre-Soak Hours**______

Germination Days _______

Harvest Date __________

Date	Event

Notes

Seed Name	Date Planted

☐ Soil ☐ Hydroponics   Pre-Soak Hours______

Germination Days _______

Harvest Date ___________

Date	Event

Notes

| **Seed Name** | **Date Planted** |

☐ **Soil**   ☐ **Hydroponics**   **Pre-Soak Hours**______

Germination Days ______

Harvest Date ___________

Date	Event

Notes

| **Seed Name** | **Date Planted** |

☐ **Soil**   ☐ **Hydroponics**   **Pre-Soak Hours**______

Germination Days _______

Harvest Date __________

Date	**Event**

Notes

Seed Name	Date Planted

☐ Soil ☐ Hydroponics Pre-Soak Hours______

Germination Days ______

Harvest Date ____________

Date	Event

Notes

Seed Name	**Date Planted**

☐ **Soil** ☐ **Hydroponics**   **Pre-Soak Hours**______

Germination Days _______

Harvest Date ___________

Date	**Event**

Notes

| **Seed Name** | **Date Planted** |

☐ **Soil**   ☐ **Hydroponics**   **Pre-Soak Hours**______

Germination Days ______

Harvest Date __________

Date	Event

Notes

| **Seed Name** | **Date Planted** |

☐ **Soil**   ☐ **Hydroponics**   **Pre-Soak Hours**______

Germination Days ______

Harvest Date __________

Date	**Event**

Notes

Seed Name	Date Planted

☐ Soil   ☐ Hydroponics   Pre-Soak Hours______

Germination Days _______

Harvest Date ____________

Date	Event

Notes

Seed Name	**Date Planted**

☐ **Soil**   ☐ **Hydroponics**   **Pre-Soak Hours**______

Germination Days ______

Harvest Date ___________

Date	**Event**

Notes

Seed Name	Date Planted

☐ **Soil** ☐ **Hydroponics** **Pre-Soak Hours**______

Germination Days ______

Harvest Date ____________

Date	Event

Notes

Seed Name	Date Planted

☐ Soil ☐ Hydroponics Pre-Soak Hours______

Germination Days _______

Harvest Date ___________

Date	Event

Notes

Seed Name	Date Planted

☐ **Soil**   ☐ **Hydroponics**   **Pre-Soak Hours**______

Germination Days ______

Harvest Date __________

Date	Event

Notes

| **Seed Name** | **Date Planted** |

☐ **Soil** ☐ **Hydroponics**   **Pre-Soak Hours**______

Germination Days ______

Harvest Date ___________

Date	Event

Notes

| **Seed Name** | **Date Planted** |

☐ **Soil** ☐ **Hydroponics**   **Pre-Soak Hours**______

Germination Days ______

Harvest Date ____________

Date	Event

Notes

| **Seed Name** | **Date Planted** |

☐ **Soil** ☐ **Hydroponics** **Pre-Soak Hours**______

Germination Days _______

Harvest Date ___________

Date	Event

Notes

Seed Name   Date Planted

☐ Soil   ☐ Hydroponics   Pre-Soak Hours ______

Germination Days ______

Harvest Date ___________

Date	Event

Notes

| **Seed Name** | | **Date Planted** |

☐ **Soil**   ☐ **Hydroponics**   **Pre-Soak Hours** ______

Germination Days ______

Harvest Date ____________

Date	Event

Notes

Seed Name   **Date Planted**

☐ **Soil**   ☐ **Hydroponics**   **Pre-Soak Hours**______

Germination Days ______

Harvest Date __________

Date	Event

Notes

| Seed Name | Date Planted |

☐ Soil ☐ Hydroponics   Pre-Soak Hours______

Germination Days ______

Harvest Date ____________

Date	Event

Notes

Seed Name   **Date Planted**

☐ **Soil**   ☐ **Hydroponics**   **Pre-Soak Hours**______

Germination Days ______

Harvest Date ___________

Date	Event

Notes

| **Seed Name** | **Date Planted** |

☐ **Soil** ☐ **Hydroponics** **Pre-Soak Hours**______

Germination Days ______

Harvest Date ___________

Date	**Event**

Notes

Seed Name	Date Planted

☐ Soil ☐ Hydroponics Pre-Soak Hours______

Germination Days ______

Harvest Date ___________

Date	Event

Notes

Seed Name	Date Planted

☐ Soil   ☐ Hydroponics   **Pre-Soak Hours**______

Germination Days ______

Harvest Date ___________

Date	Event

Notes

<table>
<tr><td>Seed Name</td><td>Date Planted</td></tr>
</table>

☐ **Soil** ☐ **Hydroponics**   **Pre-Soak Hours**______

Germination Days ______

Harvest Date __________

Date	Event

Notes

<table>
<tr><td>Seed Name</td><td>Date Planted</td></tr>
</table>

☐ **Soil**   ☐ **Hydroponics**   **Pre-Soak Hours**______

Germination Days ______

Harvest Date __________

Date	Event

Notes

Seed Name   **Date Planted**

☐ **Soil**   ☐ **Hydroponics**   **Pre-Soak Hours** ______

Germination Days ______

Harvest Date ____________

Date	Event

Notes

Seed Name	**Date Planted**

☐ **Soil**　☐ **Hydroponics**　**Pre-Soak Hours**______

Germination Days _______

Harvest Date ___________

Date	**Event**

Notes

Seed Name	Date Planted

☐ **Soil**   ☐ **Hydroponics**   **Pre-Soak Hours** _______

Germination Days _______

Harvest Date ____________

Date	Event

Notes

Seed Name	Date Planted

☐ Soil   ☐ Hydroponics   **Pre-Soak Hours**______

Germination Days ______

Harvest Date __________

Date	Event

Notes

Seed Name	Date Planted

[ ] Soil   [ ] Hydroponics   Pre-Soak Hours______

Germination Days ______

Harvest Date __________

Date	Event

Notes

Seed Name   **Date Planted**

☐ **Soil**   ☐ **Hydroponics**   **Pre-Soak Hours**______

Germination Days _______

Harvest Date ___________

Date	Event

Notes

Seed Name   **Date Planted**

[ ] Soil   [ ] Hydroponics   Pre-Soak Hours______

Germination Days ______

Harvest Date __________

Date	Event

Notes

| **Seed Name** | **Date Planted** |

☐ **Soil**   ☐ **Hydroponics**   **Pre-Soak Hours** _______

Germination Days _______

Harvest Date ___________

Date	Event

Notes

Seed Name	**Date Planted**

☐ **Soil** ☐ **Hydroponics** **Pre-Soak Hours**_______

Germination Days _______

Harvest Date ____________

Date	Event

Notes

Seed Name	**Date Planted**

☐ **Soil**   ☐ **Hydroponics**   **Pre-Soak Hours**______

Germination Days ______

Harvest Date ____________

Date	**Event**

Notes

Seed Name	Date Planted

☐ **Soil** ☐ **Hydroponics** **Pre-Soak Hours**______

Germination Days _______

Harvest Date ___________

Date	Event

Notes

Seed Name	Date Planted

☐ Soil   ☐ Hydroponics   Pre-Soak Hours______

Germination Days _______

Harvest Date ___________

Date	Event

Notes

<table>
<tr><td>Seed Name</td><td>Date Planted</td></tr>
</table>

☐ **Soil**　☐ **Hydroponics**　**Pre-Soak Hours**______

Germination Days ______

Harvest Date __________

Date	Event

Notes

Seed Name   **Date Planted**

[ ] **Soil**   [ ] **Hydroponics**   **Pre-Soak Hours**______

Germination Days _______

Harvest Date ___________

Date	Event

Notes

<table>
<tr><td>Seed Name</td><td>Date Planted</td></tr>
</table>

☐ **Soil**   ☐ **Hydroponics**   **Pre-Soak Hours______**

Germination Days ______

Harvest Date ___________

Date	Event

Notes

| **Seed Name** | **Date Planted** |

☐ **Soil** ☐ **Hydroponics** **Pre-Soak Hours**______

Germination Days _______

Harvest Date __________

Date	**Event**

Notes

| **Seed Name** | **Date Planted** |

☐ **Soil**   ☐ **Hydroponics**   **Pre-Soak Hours**______

Germination Days ______

Harvest Date __________

Date	Event

Notes

| **Seed Name** | **Date Planted** |

☐ Soil   ☐ Hydroponics   **Pre-Soak Hours**______

Germination Days ______

Harvest Date __________

Date	Event

Notes

Seed Name   **Date Planted**

☐ **Soil**   ☐ **Hydroponics**   **Pre-Soak Hours**______

Germination Days ______

Harvest Date ____________

Date	Event

Notes

Seed Name	Date Planted

☐ Soil ☐ Hydroponics Pre-Soak Hours______

Germination Days _______

Harvest Date ___________

Date	Event

Notes

Seed Name	Date Planted

☐ **Soil** ☐ **Hydroponics** **Pre-Soak Hours**______

Germination Days ______

Harvest Date ____________

Date	Event

Notes

<table>
<tr><td>Seed Name</td><td>Date Planted</td></tr>
</table>

☐ **Soil**   ☐ **Hydroponics**   **Pre-Soak Hours**______

Germination Days _______

Harvest Date ___________

Date	Event

Notes

| Seed Name | Date Planted |

☐ **Soil**   ☐ **Hydroponics**   **Pre-Soak Hours**______

Germination Days ______

Harvest Date ___________

Date	Event

Notes

Seed Name	**Date Planted**

☐ **Soil**   ☐ **Hydroponics**   **Pre-Soak Hours**______

Germination Days ______

Harvest Date ___________

Date	Event

Notes

www.ingramcontent.com/pod-product-compliance
Lightning Source LLC
Chambersburg PA
CBHW061401250726
48657CB00004B/1611